AF619897

LA

PETITE FAVORITE,

OU

LE DANGER DE COURIR DEUX LIÈVRES A LA FOIS,

Parodie en trois Tableaux et en vers de la FAVORITE, représentée sur les théâtres de Reims, Calais, etc.

PAR M. AMÉDÉE FRANCISQUE.

PARIS,

DE L'IMPRIMERIE DE A. GUYOT,

RUE NEUVE-DES-PETITS-CHAMPS, N° 35.

1845.

PERSONNAGES.

BADOULARD, vieux maître d'école. (L'acteur chargé du rôle doit être grand et avoir une voix de basse-taille.)

DUFOUR, riche boulanger. (Habit bleu passé de mode, pantalon de nankin, gilet de couleur, chapeau à larges bords, col de chemise un peu haut, cravatte blanche. 45 ans. Emploi de Lepeintre jeune.)

CYPRIEN, écolier de Badoulard. (1er costume; habit-veste bleu-clair et râpé, pantalon d'été étroit et très-court, bas bleus, gros souliers, petit chapeau usé; petit gilet de couleur, manches d'habit très-courtes, titus blonde à cheveux courts. 2e costume; en marié. 20 ans. Emploi d'Arnal.

GASPARD, mitron, confident de Dufour. (2e comique; costume de garçon boulanger).

AURORE, maîtresse ou favorite de Dufour.(Costume de grisette parisienne d'abord; ensuite en mariée. Emploi de Déjazet.)

COLOMBE, femme de charge de Dufour et confidente d'Aurore. (Duègne.)

UN MITRON PARLANT. (Accessoire.)

INVITÉS DES DEUX SEXES, AMIS DE DUFOUR.

MITRONS.

ÉCOLIERS DE 7 A 8 ANS.

La scène se passe dans un village, aux environs de Paris.

Pour la mise en scène se régler sur celle de la Favorite, *grand opéra.*

LA PETITE FAVORITE,

OU

LE DANGER DE COURIR DEUX LIÈVRES A LA FOIS,

PREMIER TABLEAU

SCÈNE Ire.

(Le théâtre représente une place publique ; à droite, la maison de Badoulard ; à gauche, la classe. Tous les écoliers défilent deux à deux et entrent dans la classe. Badoulard et Cyprien paraissent les derniers et restent en scène.)

BADOULARD, CYPRIEN.

BADOULARD.

Qu'as-tu donc, Cyprien? pourquoi rester en place?
Qui t'empêche d'entrer avec eux dans la classe?

CYPRIEN.

Daignez me pardonner, ô savant Badoulard!
Cela m'est impossible!

BADOULARD.

Est-ce que, par hasard,
Mon élève chéri, contre son habitude,
Éprouverait un peu de dégoût pour l'étude?
Aurais-je deviné?... Parle...

CYPRIEN.

Du premier coup!
Un peu n'est pas le mot... J'en éprouve beaucoup.
Vainement vous m'avez donné votre parole
De me céder bientôt le soin de votre école :
Souffrez que je l'avoue avec sincérité,
D'une telle faveur mon cœur trop peu flatté,
Pour être satisfait a besoin d'autre chose.

BADOULARD.

D'un changement si prompt je veux savoir la cause :
Dis-la-moi, mon garçon :

CYPRIEN, *vivement avec explosion.*

Garçon! c'est justement
Ce titre de garçon qui cause mon tourment!

BADOULARD.

Je ne te comprends pas...

CYPRIEN.

Je voudrais ne plus l'être...
Garçon!

BADOULARD.

Quelle folie!

CYPRIEN.

Écoutez-moi, mon maître :
Certain jour de congé, je m'en allais tout droit
Promener mes ennuis au bal de notre endroit ;

J'arrive : tout à coup à mes yeux se présente,
Au milieu de la foule, une beauté tranchante,
Un être plus qu'humain, une divinité!
Dans les cieux, un moment, je me crus transporté...
Au risque de brouiller toute une contredanse,
Pour la mieux admirer, près d'elle je m'élance,
Et heurte rudement, mais non pas sans dessein,
Le mortel fortuné qui lui donnait la main.
Elle s'en aperçut, et loin d'être irritée,
De cette pétulance elle parut flattée.
Ne pouvant l'approcher, je la suis du regard :
Derrière les danseurs me tenant à l'écart,
Je maudissais tout bas l'éternelle figure
Dont chaque nouveau pas prolongeait ma torture.
La musique se tait : moi, je ne fais qu'un saut
Pour voler sur sa trace et la joindre au plus tôt.
Et suivant pas à pas ma belle fugitive,
Comme elle allait s'asseoir, à ses côtés j'arrive.
Je l'invite, elle accepte, et pendant tout le bal,
Je savoûrai près d'elle un bonheur sans égal!
Vers minuit, pour goûter un repos nécessaire,
Nous gagnâmes tous deux un bosquet solitaire...
Je te bénis, bosquet! Réduit mystérieux,
De nos tendres discours témoin silencieux!
Là, dans un seul instant, je ne saurais vous dire
Tout ce qu'en ses beaux yeux les deux miens ont su lire.
En ce moment si doux, pardonnez, cher patron,
J'oubliai tout à fait Virgile et Cicéron.
D'un langage enchanteur la divine harmonie
Me faisait respirer une nouvelle vie,
Une ivresse inconnue, et j'ai compris enfin
Qu'on pouvait être heureux sans savoir le latin.

BADOULARD.

Qui, toi? mon Benjamin, l'espoir de la science,
Sur qui se reposait toute mon espérance!
Toi, mon fils, mon orgueil, ma joie et mon bonheur,
Toi que je regardais comme mon successeur...
A qui, depuis long-temps, ma bonté paternelle
Destinait, tu le sais, toute ma clientèle!...

CYPRIEN, *avec âme, un peu chanté.*

Que voulez-vous?... Je l'aime!

BADOULARD.

Aimer!... jeune étourdi!
Quel mot incohérent de ta bouche est sorti!
Crois-moi, reste garçon, et, dans la solitude,
Réserve, comme moi, ton amour pour l'étude.
Tu dois le voir, d'ailleurs, je suis, par mon état,
Ici plus révéré qu'un puissant potentat.
Sais-tu bien qu'en ces lieux chacun me rend hommage...
Sais-tu bien que ma voix, oracle du village,
Est de tous écoutée, et que mes seuls avis
Par tous les habitans à l'instant sont suivis?

CYPRIEN.

Je l'aime!...

BADOULARD.

Écervelé! crois-tu, près d'une femme,
Rencontrer le bonheur que recherche ton âme?
Quelle est, au moins, réponds, quelle est cette beauté
Qui, de ton jeune cœur souillant la pureté,
Te subjugue à ce point? Quelle est l'enchanteresse
Dont le charme maudit t'enlève à ma tendresse?
Je prétends la connaître... Approche ici, vaurien;
Son nom, mauvais sujet? Dis son nom, Cyprien?

Tu vois qu'en ce moment ma douceur est extrême :
Réponds-moi donc, enfant; dis-moi son nom...

CYPRIEN, *un peu plus animé.*

Je l'aime!

BADOULARD, *le repoussant rudement.*

Le butor! l'idiot! c'est à désespérer!
C'est fini, je vois trop qu'on n'en peut rien tirer.
Je l'aime!

CYPRIEN, *s'avançant avec amour.*

Oui!

BADOULARD.

Tu n'as plus que ce mot à la bouche :
Je l'aime!

CYPRIEN.

Oui!

BADOULARD.

Va-t-en donc, puisque rien ne te touche!
Je te chasse : va-t-en ailleurs qu'en ma maison,
Répéter à loisir cette conjugaison.

CYPRIEN, *à part.*

Heureusement, bientôt, de tout ce que j'endure
Tu vas me consoler, céleste créature!

BADOULARD, *retournant le prendre par la main.*

Misérable insensé, pour la dernière fois,
Reviens à la raison, daigne écouter ma voix.
Ne quitte pas, crois-moi, ce port sûr et tranquille...
L'hymen est une mer en tempêtes fertile!
Redoute-les, mon fils, ne va pas te jeter
Sur ses nombreux écueils qu'on ne peut éviter.
Si mon autorité sur toi perd sa puissance,
Seras-tu sourd au cri de la reconnaissance?

Daigne te rappeler tout ce que tu me dois,
Ingrat! Quand je te vis pour la première fois,
Légèrement vêtu, si je me le rappelle,
Moi j'étendis sur toi mon aîle paternelle!

CYPRIEN, *à part, considérant l'exiguité de son vêtement.*

C'est tout ce que sur moi vous avez étendu,
Grand homme!

BADOULARD.

Dis-le-moi, voyons, t'en souviens-tu?

CYPRIEN, *avec un accent déchirant.*

Mais je l'aime!...

BADOULARD, *à part, avec une fureur concentrée.*

Un bâton est près de cette porte :
Courons le prendre!... avant que le drôle ne sorte...

(Cyprien qui a vu le mouvement de Badoulard, disparait vivement).

SCÈNE II.

BADOULARD.

BADOULARD, *seul, revenant une canne à la main.*

Personne!... il a bien fait... dans le premier moment,
J'aurais pu lui causer quelque désagrément.
Oublions ce jeune homme et sa folle équipée ;
D'un soin plus important j'ai la tête occupée :
Un bruit m'est revenu que le voisin Dufour,
Ce boulanger badin, épris d'un fol amour,
De sa chaste moitié dédaignant la tendresse,
Voulait, aux yeux de tous, épouser sa maîtresse

Mais il n'est pas au bout : cet exemple immoral,
S'il ose le donner, lui deviendra fatal.
Quoique son vieil ami, dès cet instant j'oublie,
Dans l'intérêt des mœurs, ce titre qui nous lie.
D'ailleurs, par ses propos, il a, malignement,
Dénigré quelque peu mon établissement.
Je ne suis pas méchant, mais dans le fond de l'âme,

(*avec malice.*)

Je prétends me venger... Il gardera sa femme!

(*allant à la porte de la classe*).

Courons-y de ce pas. Quant à vous, mes agneaux,
Je suis content de vous, suspendez vos travaux.

(*Les écoliers dans la coulisse*).

Viv' monsieur Badoulard!

(*Ils entrent tous en courant*).

BADOULARD.

Mais demain, à l'étude,
Jeunes gens, rendons-nous avec exactitude!

(*Il sort à gauche*).

(*Sortie tumultueuse des écoliers.* — L'orchestre joue l'air : *Doux zéphyr, sois-lui fidèle,* de la Favorite).

CHANGEMENT.

DEUXIÈME TABLEAU.

SCÈNE III.

(Le théâtre représente un jardin garni de bosquets et de buissons ; arbres çà et là ; à gauche de l'acteur, maison de Dufour et un pavillon, deux portes donnant sur le théâtre. Table commune sur laquelle il y a une douzaine de gros pains et trois pelles à enfourner le pain, le tout près de la maison ; plus, trois paniers à porter le pain. Banc de bois en avant de la table ; autre banc de gazon, 1er plan, droite de l'acteur. Le théâtre fermé par un mur. Fond de forêt derrière.)

CYPRIEN, COLOMBE.

(Cyprien a les yeux bandés ; il est amené par Colombe qui, en paraissant, le quitte pour aller faire le guet au fond.)

CYPRIEN, *se heurtant contre un arbre.*

Aie !

COLOMBE, *revenant.*

Êtes-vous blessé ?...

CYPRIEN, *se tenant le genou.*

Très peu... c'est au genou...
Au moins vous auriez dû me crier : casse-cou !
(*un peu impatienté*).
Voyons, où sommes-nous ? Répondez-moi, la bonne !...
Cette course à la fin m'étourdit et m'étonne.

COLOMBE.

Nous sommes arrivés.

CYPRIEN.

Le ciel en soit béni !
Mais ce n'est pas le tout, me direz-vous aussi

Pourquoi de ce bandeau l'on couvre ainsi ma vue :
Me direz-vous le nom de la belle inconnue
Qui commande en ces lieux! Est-ce un jeu, par hasard?
A quel jeu jouons-nous? Est-ce à Colin-Maillard?
J'en suis, la bonne? Allons, commençons tout de suite :
Voyons, j'étends les bras!

SCÈNE IV.

LES MÊMES, AURORE.

AURORE, *accourant et se jetant dans les bras de Cyprien.*
Et je m'y précipite!
(*Cyprien met un genou en terre, et reçoit ainsi Aurore.*)

COLOMBE, *les contemplant.*
Ne vous dérangez pas... Oh! le joli tableau!

AURORE, *tendrement.*
Pour qu'il puisse le voir, ôte-lui ce bandeau.
(*Colombe détache le bandeau, Aurore la renvoie du geste.*)
Sors, mais sans t'éloigner, Colombe, va, ma chère.

COLOMBE, *en sortant.*
Comptez sur ma prudence et mon zèle ordinaire.

SCÈNE V.

AURORE, CYPRIEN.

AURORE, *après avoir couru au fond et revenant à Cyprien.*
Elle nous laisse seuls, et nous pouvons tous deux
Faire éclater enfin nos transports amoureux.

Viens, ah! viens sur mon cœur partager mon délire!
Mon chéri, mon trésor, toi par qui je respire!
Ma vie et mon amour! est-ce bien toi? mon cœur
N'est-il pas abusé par un songe menteur?

(Elle lui prend la tête et les bras.)

D'un tel bonheur je doute, excuse ma faiblesse;
Est-ce bien toi, dis-moi, que dans mes bras je presse?
Suis-je bien éveillée?

CYPRIEN, *se dégageant et se rajustant un peu.*

Eh! mais, probablement...
Vous ne vous trompez pas, c'est moi, pour le moment.

AURORE.

Oui, je n'en doute plus; mais il est tout en nage!

(l'essuyant avec son mouchoir.)

C'est mal, monsieur, très-mal, et vous n'êtes pas sage.
Eh quoi! fallait-il donc, pour venir jusqu'ici,
Répondez-moi, méchant, vous fatiguer ainsi?

(l'amenant sur le banc à sa droite, tendrement.)

Soyez moins vif, monsieur, c'est moi qui vous l'ordonne?
Vous m'aimez trop, enfant!

CYPRIEN, *naïvement.*

Mais non, c'est votre bonne
Qui craignait qu'en ces lieux j'arrivasse trop tard :
Peste! malgré son âge elle a le pas gaillard!
Vous devez, je le pense, en être satisfaite;
Elle a bon pied, bon œil, elle paraît discrète,
Active, complaisante, et pourrait, selon moi,
Fort convenablement remplir plus d'un emploi.
Passons : de mes deux yeux, pendant tout le voyage,
Vous savez qu'un bandeau m'avait ôté l'usage :

Je vis, alors que j'eus ce bandeau sur les yeux,
Que... ça n'était pas clair : sans être curieux,
A l'instant je prétends tout savoir, et j'espère
Que vous m'expliquerez cet étrange mystère.
Pour vous, sourd à la voix de mon vieux professeur,
J'ai laissé mes travaux : n'écoutant que mon cœur,
J'ai quitté mon école...

AURORE.

Et je t'en remercie !
Ta confiance en moi ne sera pas trahie.
Tu vas donc tout savoir.

CYPRIEN, *vivement.*

Tu combleras mes vœux !
Ou vous les comblerez... lequel aimez-vous mieux !
Quelle locution voulez-vous que j'emploie?

AURORE, *lui donnant la main, avec abandon.*

Mon dieu ! fais comme moi, puisque je te tutoie,
Nigaud !

CYPRIEN, *avec ivresse.*

Merci, mon ange ! ah ! tu m'as fait plaisir !
Cette faveur, je suis forcé d'en convenir,
A mon cœur amoureux te rend plus chère encore !
Mais parle maintenant, parle, ô toi que j'adore !

AURORE.

Apprends donc que moi seule ai conduit tout ceci.

CYPRIEN.

Toi seule?

AURORE.

Pour te voir, j'ai commandé qu'ici
Tu fusses amené dans le plus grand mystère...

CYPRIEN, *avec joie lui prenant la taille.*

Pour faire mon bonheur!...

AURORE, *tristement; elle le repousse. Ils se lèvent.*

Peut-être le contraire!

CYPRIEN, *après avoir réfléchi.*

Je n'y suis plus du tout... parlons peu, parlons bien :
En me faisant venir quel projet est le tien?
Est-ce que, dans ces lieux un danger me menace?
Réponds, et lestement je vais quitter la place;
Mais non, c'est une erreur : je suis aimé de toi;
Pourquoi craindrais-je alors, voyons, dis-moi pourquoi.

AURORE.

Ménage mon amour et ma délicatesse :
Crois-le bien, cher amant, si j'étais ma maîtresse!...
Mais le sort est cruel, il ne l'a pas voulu.....

CYPRIEN, *d'un air sombre.*

Tu n'es pas ta maîtresse?.. et de qui donc l'es-tu?
Qui donc es-tu toi-même?...

AURORE.

Assez sur ce chapitre!

CYPRIEN, *après un temps.*

Bien!... mais de ton amant tu m'as donné le titre :
Si tu m'aimes, je t'aime... alors nous nous aimons;
Pour ne pas m'épouser quelles sont tes raisons?
Aurais-je à craindre un père... ou quelqu'antagoniste?
Parle!

AURORE, *avec effort.*

Je ne le puis!

CYPRIEN.

Cette réponse est triste...
Elle est obscure même...

AURORE, *lui montrant un papier.*

Hélas! pardonne-moi :
Ce billet te dira ce que j'ai fait pour toi.
Je voulais me charger du soin de ta fortune;
Tu ne saurais, ami, m'en conserver rancune.

CYPRIEN, *avec joie.*

Loin de là! t'en vouloir! je ne suis pas si sot!
Il fallait seulement me le dire plus tôt.

AURORE.

J'hésitais tous les jours...

CYPRIEN.

A présent, chère amie,
De ce petit retard fort peu je me soucie.
Quel est donc ce papier?... il est fin, et mon cœur
Me dit que ce doit être un billet au porteur.
C'est un billet de banque! ah! la farce est très-bonne!

AURORE, *avec résignation.*

Non, ce n'en est pas un, et de plus il ordonne...

CYPRIEN, *vivement.*

Quoi donc?

AURORE.

Que nous cessions de nous voir désormais...
La décence le veut... il le faut bien...

CYPRIEN, *criant.*

Jamais!
La décence!... et c'est toi, toi qui veux que j'oublie
Les instans les plus beaux, les plus doux de ma vie!
Jamais! demande-moi tout ce que tu voudras;
Mais renoncer à toi!... vrai, je ne le peux pas.

SCÈNE VI.

LES MÊMES, COLOMBE.

COLOMBE, *accourant.*

Il faut vous séparer; vite, mademoiselle...
Monsieur voudrait vous voir.

CYPRIEN, *avec force, prenant la main d'Aurore.*

Un monsieur! que dit-elle?
Un monsieur veut te voir... quel est-il?

AURORE.

Malheureux!
Mais en me retenant tu nous perds tous les deux.

COLOMBE.

Il nous perd tous les trois... le bourgeois n'est pas tendre :
Vous savez comme moi qu'il n'aime pas attendre!
(*à Cyprien*).
Ainsi donc, laissez-la.

CYPRIEN, *cherchant à se modérer.*

Vous, la vieille, écoutez!
J'estime infiniment toutes vos qualités :
Je vénère les vieux... mais j'ai la tête vive...
Laissez-nous en repos, ou je vous invective!

AURORE, *remettant le papier à Colombe.*

Garde-t-en, Cyprien, elle fait son devoir,
Et je ferai le mien!

(*Elle s'échappe des mains de Cyprien qui court après elle et la ramène*).

CYPRIEN, *aux deux femmes.*

Craignez mon désespoir!

COLOMBE, *voulant les séparer.*

Voulez-vous la lâcher?..

CYPRIEN.

Plutôt perdre la vie!

(à Colombe d'un air farouche.)

Viens l'ôter de mes bras... Viens donc, je t'en défie!

(Colombe effrayée d'abord, revient pour les séparer : en allant de l'un à l'autre, un pan de l'habit de Cyprien lui reste dans les mains; et Aurore parvenant enfin à s'échapper, Colombe se trouve à sa place dans les bras de Cyprien).

SCÈNE VII.

CYPRIEN, COLOMBE.

CYPRIEN, *exaspéré, croyant tenir Aurore.*

Non, ne me quitte pas, reste-là, sur mon cœur!
(reconnaissant Colombe, et la repoussant).
Dieux! qu'est-ce que je vois? abominable erreur!

COLOMBE, *sèchement.*

Pour l'erreur, j'en conviens... mais pour abominable...
On en a fait parfois de plus désagréable.

CYPRIEN, *à part.*

J'en doute! *(haut)* Mais pardonne à mes transports jaloux.

COLOMBE.

Il paraît que monsieur est devenu plus doux.
J'aime ce changement, pour tous il me rassure,
De plus, pour l'avenir il est d'un bon augure.

CYPRIEN.

Trêve à ces vains propos.

COLOMBE.

Ah! veuillez m'excuser :
Mais j'en conviens, monsieur, j'aime assez à causer.
Prenez donc ce billet écrit par ma maîtresse,
Et pour vous...

CYPRIEN *le prenant.*

Donne donc, il est à son adresse.

COLOMBE, *lui présentant le pan de son habit.*

De plus, cet objet-là, je crois, vous appartient :
Le reconnaissez-vous?

CYPRIEN, *le prenant.*

Parbleu! je le crois bien!

COLOMBE.

La scène fut si vive... encor j'en suis tremblante!

CYPRIEN, *considérant le morceau de sa veste.*

Tu dis qu'elle fut vive... elle fut déchirante.
(*Il le met dans sa poche*).
Mais pardon, je pensais... j'aurais voulu savoir
Le vrai sens de ces mots : Monsieur voudrait vous voir!
(*Colombe lui fait signe de se taire.*)
C'est vous qui l'avez dit...

COLOMBE, *un doigt sur la bouche.*

Jeune homme, du silence!

CYPRIEN.

Vous pourriez m'expliquer...

COLOMBE, *en sortant.*

Surtout, de la prudence.

SCÈNE VIII.

CYPRIEN, *seul, et regardant autour de lui.*

Ainsi me voilà seul... Toutes deux m'ont quitté!
De tous ces incidens je suis comme hébêté.
Monsieur voudrait vous voir!.. femme incompréhensible!
Tout ce qui t'environne est obscure et terrible :
De tant d'événemens mon esprit confondu
Finirait par douter, je crois, de ta vertu...
Quel cahos!... cependant... parbleu! plus j'examine...
Elle doit être... ô ciel! oui, j'y suis, je devine!
Ah! comment mériter un si brillant destin!
Mais n'importe, et dussé-je y perdre mon latin,
Il lui faut obéir sans tarder davantage,
Et déchiffrer d'abord ce joli griffonnage.

(regardant la signature).

Elle s'appelle Aurore... Ah diable! c'est flatteur...
Et pour elle ce nom augmente mon ardeur :
Ah! je sens qu'à présent je l'aime plus encore,
Et ne puis désormais vivre sans mon Aurore!

(lisant.)

Qu'ai-je lu?.. m'abusé-je?.. et quoi! pauvre écolier,
Elle me fait nommer!.. oh! c'est particulier!
Premier garçon, et veut que je sois chef de file
Des garçons boulangers : quoique assez difficile
Sur le choix de ses gens, le généreux Dufour
Veut bien me recevoir. C'est un drôle de tour...

Il me croit boulanger?.. moi, mitron!.. comment faire?
A ce nouvel état je ne me connais guère,
Et pour sûr, aussitôt qu'à l'œuvre on m'aura vu,
Pour un vil imposteur je serai reconnu.
C'est léger!.. je crains fort que la supercherie
N'attire sur mon dos une étrange avanie.
Avant de m'installer, et n'importe comment,
Je dois donc éviter un tel désagrément,
Et par quelque haut fait, il faut qu'en toute hâte,
Je me signale, avant de travailler la pâte.
Cherchons un stratagème... Autrefois on m'a dit
Que l'amour au plus sot peut donner de l'esprit...
Mais je ne trouve rien, l'état de mes finances
D'un brillant résultat ne m'offre pas les chances,
Et d'un pareil secours je dois donc me priver.
Amour! viens à mon aide! il me faudrait trouver
Les moyens les plus prompts, les plus économiques...

(se frappant le front, et très-chaudement tout le reste de la scène.)

J'y suis!... je me munis d'allumettes chimiques,
Et gagne adroitement le toit du boulanger :
Je l'incendie; alors, au milieu du danger
Je m'élance, du feu je brave la furie;
J'emporte le bourgeois, je lui sauve la vie :
Après l'avoir tiré d'un péril si pressant,
Il se peut bien qu'alors il soit reconnaissant...
Oui, mon plan me subjugue et l'idée est fort bonne :
Ce moyen innocent ne blessera personne,
Car ce feu sans danger, si j'en crois mon ardeur,
Sera plus vite éteint que celui de mon cœur!
Alors, un jour peut-être... ou plus tard... ô délice!
A l'œuvre, Cyprien! Amour, sois-moi propice!

Je n'espère qu'en toi, ne m'abandonne pas ;
Et pour un tel exploit viens diriger mon bras!

(Il sort d'un air victorieux, tenant en l'air la lettre d'Aurore. — L'orchestre joue l'air : *Oui, ta voix m'inspire.)*

TROISIÈME TABLEAU.

MÊME DÉCOR.

SCÈNE IX.

DUFOUR, GASPARD.

(Pendant tout le monologue de Dufour, Gaspard reste au fond.)

DUFOUR, *il est un peu en désordre, et va s'asseoir sur le banc, droite de l'acteur.*

Ah! je respire enfin... ouf! je l'échappe belle!
Quelques fagots brûlés... c'est une bagatelle ;
C'est même fort heureux, il faut s'en réjouir,
Car véritablement nous pouvions tous rôtir.
(Il se lève, et va poser son chapeau sur la table.)
Rendons grâce au destin!.. je pourrai donc encore
Rêver dans ces beaux lieux à celle que j'adore.
Aurore, c'est à toi que, seul en ces jardins,
J'adresse mes soupirs. Rosiers, lilas, jasmins
Que j'ai plantés pour elle, arbres de toute espèce,
Croissez pour ombrager votre belle maîtresse ;
Unissez vos parfums pour embaumer ces lieux...
Que par vous mon bonheur se cache à tous les yeux!

Près de vous, sans témoins, disciple de Cythère,
Que j'aime à folâtrer dans l'ombre et le mystère!
Et vous surtout, bosquets, croissez pour protéger
Les transports amoureux d'un galant boulanger!

(*apercevant Gaspard derrière lui, il se remet et change de ton.*)

Ainsi donc, cher Gaspard, pour la peur j'en suis quitte.
L'incendie est éteint?

GASPARD

Je vous en félicite!

DUFOUR.

Ce n'est pas moi qu'il faut féliciter, Gaspard,
Mais ce nouveau mitron : diable! c'est un gaillard!
Il n'a pas peur du feu!... voilà les gens que j'aime!

GASPARD, *piqué.*

Je crois qu'ici, bourgeois, nous sommes tous de même.

DUFOUR, *le prenant par la main et confidentiellement.*

Ce jeune homme ira loin, Gaspard, il est nerveux :
Sans le puissant secours de son bras vigoureux
Ton maître allait passer un fort vilain quart-d'heure.
Je sommeillais, ami, lorsque de ma demeure
Il a brisé la porte, et m'enlevant soudain,
M'a mis hors de danger.

GASPARD, *piqué.*

Patron, il est certain
Qu'il s'est bien comporté dans cette circonstance :
Pourtant, ce qu'il a fait, tous vos mitrons, je pense,
L'auraient fait comme lui!

DUFOUR.

Permets-moi d'en douter.
Il suffit : sur ce point cessons de discuter.

Du jeune Cyprien, quoiqu'en dise l'envie,
Je suis le débiteur, il m'a sauvé la vie :
C'est peu, me diras-tu?.. mais de son dévoûment
Je veux, aux yeux de tous, le payer noblement.
(*faisant un geste à Gaspard.*)
J'ai besoin d'être seul : tu comprends?

GASPARD.

Je vous quitte.

(*Il va pour sortir et revient.*)
Ah! j'oubliais... bientôt vous aurez la visite
Du vieux maître d'école.

DUFOUR, *avec un léger mépris.*

Eh quoi! mons Badoulard!

GASPARD.

Oui, maître, il doit venir.

DUFOUR.

Je hais ce vieux bavard!
Avant de professer, si j'ai bonne mémoire,
Il fut chantre au lutrin : et même s'il faut croire
Ce que de ses talens chacun m'a raconté,
De l'entendre parfois on était peu flatté.

GARPARD.

Ce vieux cherche à vous nuire.

DUFOUR.

Il a l'impertinence
De clabauder tout haut contre moi! Ma vengeance,
Gaspard, saura l'atteindre!

GASPARD, *avec intention.*

Il a souvent blâmé
L'illégitime nœud que vous avez formé.

DUFOUR, *réprimant un mouvement de fureur.*

L'imprudent !.. mais je ris de son sot bavardage.
Va, laisse-moi.

GASPARD, *sortant.*

Je pars.

SCÈNE X.

DUFOUR, GASPARD.

DUFOUR, *seul.*

Oui, tout le voisinage,
Grâce à ce vieux pédant, blâme fort, je le vois,
Mes nouvelles amours : mais qu'il vienne chez moi !
Il pense que j'ai peur du bruit et du scandale...
Qu'il vienne... je l'attends ainsi que sa morale.
Par lui seul excités tous nos voisins jaloux
Conspirent contre Aurore ; eh bien ! seul contre tous
Moi je la défendrai. D'ailleurs, bientôt, j'espère,
(*à Gaspard qui reparaît.*)
Ils seront confondus. Gaspard qu'on accélère
Les apprêts de l'hymen ainsi que du festin.
(*Il sort pour un moment, suivi de Gaspard.*)

SCÈNE XI.

AURORE, COLOMBE.

AURORE.

Ce que tu dis, Colombe, en est-on bien certain ?

COLOMBE.

Oui, madame, tantôt il m'a conté lui-même,
Pour se mettre en faveur, l'amoureux stratagème
Qu'il vient d'exécuter. C'est un coup très-hardi !
On voit que ce jeune homme est assez dégourdi ;
Mais il n'en a pas l'air :

AURORE.

Ce que tu dis me flatte.
Mais en l'aimant, dis-moi, suis-je bien délicate?

COLOMBE.

Pourquoi non? vous suivez l'élan de votre cœur,
En l'écoutant, jamais on ne manque à l'honneur !
Dès long-temps j'en ai fait la douce expérience !
(*Aurore la remercie du geste.*)

SCÈNE XII.

LES MÊMES, DUFOUR.

DUFOUR.

Colombe, laissez-nous. (*Colombe s'incline et sort.*) Aurore,
ma présence
Semble vous apporter la tristesse et l'ennui.

AURORE.

Vous croyez !

DUFOUR.

J'en suis sûr. Je te trouve aujourd'hui
Un peu froide... d'où vient cette métamorphose?
Ne pourrais-tu, mon cœur, me dire ici la cause?...

AURORE, *tristement.*

De quoi ? de ma froideur ?.. vous voulez...

DUFOUR, *sévèrement.*

Je pensais

Que jusques à présent j'avais parlé français !

AURORE.

Eh bien ! lorsque pour vous j'ai quitté ma chaumière,
J'avais de la vertu !

DUFOUR.

Je m'en souviens, ma chère !

AURORE.

Tu t'en souviens, Dufour, mon cœur simple et naïf
A toi ne s'est donné que pour le bon motif.
(*Elle se laisse gagner peu à peu par les larmes.*)
J'eus trop de confiance, hélas ! infortunée !
Je t'ai cru délicat... Dufour, tu m'as trompée !
Quand je te confiai le soin de mon honneur,
Devais-je donc m'attendre à suivre un séducteur !

DUFOUR, *effrayé.*

Oh ! tais-toi !

AURORE.

J'ai perdu pour toi mon innocence !

DUFOUR.

N'en parlons plus !

AURORE.

Au moins si l'ombre et le silence
Venaient me garantir des propos médisans :
Mais non, tous nos voisins, et jusques à tes gens,
Ces insolens mitrons, sotte et maligne espèce,
Osent dire tout haut que je suis ta maîtresse !

Tes bosquets si touffus, tes bois silencieux
Ne peuvent dérober ma honte à tous les yeux !
(*Elle veut s'enfuir.*)
Laisse-moi m'en aller...

DUFOUR, *la retenant.*

Moi ! que je t'abandonne !
Que te faut-il? grands dieux! que n'ai-je une couronne
A t'offrir!... mes trésors...

AURORE, *l'interrompant et avec l'accent du plus violent désespoir.*

Ils ne sauraient, sais-tu,
Me rendre le trésor que pour toi j'ai perdu !

DUFOUR, *après un temps, avec feu et lui prenant la main.*

Si je te le rendais!...

AURORE, *haussant les épaules.*

Est-ce que c'est possible ?

DUFOUR.

Ce trésor précieux... oui, femme trop sensible!
Oui, tu peux y compter, je veux, avant ce soir,
Te le rendre!.. ainsi donc, calme ton désespoir :
Je t'épouse!

AURORE, *tranquillement.*

Et ta femme?

DUFOUR, *négligemment.*

Oh ! je la répudie.

AURORE.

Quoi ! tu pourrais?

DUFOUR.

Très-bien !.. telle est ma fantaisie

Je quitte ma moitié : pour le tiers et le quart,
Je m'en soucie autant que de mons Badoulard !
Dès lors sèche tes pleurs : pour toi, mon adorée,
Je donne un grand repas, ensuite une soirée;
(*lui prenant la taille, et l'entraînant sur le banc, gauche de l'acteur.*)
On viendra nous chercher... ensemble auparavant,
Te plairait-il gagner ce modeste divan !

SCÈNE XIII.

LES MÊMES, GASPARD, puis COLOMBE ET LA SOCIÉTÉ.

GASPARD, *accourant.*

Bourgeois !

DUFOUR, *avec humeur.*

C'est encor lui ! que le ciel le confonde !
Si tôt me déranger !

GASPARD.

C'est que tout votre monde
Arrive et suit mes pas ; j'ai dû vous prévenir.

DUFOUR, *se levant ainsi qu'Aurore.*

Fais entrer. Chers amis, je vous ai fait venir
(*à Gaspard qui le tire par son habit.*)
Pour être tous témoins... Qu'est-ce donc?

GASPARD, *mystérieusement.*

De mon zèle
Douterez-vous encore ?.. en serviteur fidèle,

Jaloux de conserver l'honneur de votre nom,
Je guettais tout à l'heure autour de la maison :
Je vis un étranger causant avec la bonne.

DUFOUR, *à demi-voix.*

Quoi ! de se déranger, Gaspard, tu la soupçonne?
Imbécille !

GASPARD, *de même.*

Pas tant !

DUFOUR, *riant.*

C'est fort original !
Elle est libre après tout... cela m'est bien égal.
Est-ce tout?

GASPARD.

Non, vraiment, j'ai surpris une lettre...

DUFOUR, *vivement.*

Pour qui ?

GASPARD.

Pour votre Aurore !

DUFOUR, *le prenant au collet.*

Il faut me la remettre !
Donne... donne... ou sinon redoute ma fureur.
(*le lâchant.*)
Mais non, je te connais... tu n'es qu'un imposteur !
Tu me trompes, coquin !

GASPARD.

Mais, bourgeois, je vous jure !..

DUFOUR.

Oser calomnier la vertu la plus pure !
Mais cette lettre enfin... donne, je veux la voir !

GASPARD.

Ce n'est pas moi qui l'ai !

3.

DUFOUR.

Qui? je veux le savoir.

GASPARD.

De l'objet de vos feux c'est la digne suivante,
La Colombe.

DUFOUR, *à Colombe.*

Approchez, fidèle gouvernante :
(examinant Colombe avec attention, et bas à Gaspard.)
Je ne vois pas, Gaspard, de papier dans sa main.

GASPARD, *indiquant du geste.*

La Colombe a caché le poulet dans son sein.

DUFOUR, *à Colombe, avec des regards furieux.*

Approchez... donnez-moi...

COLOMBE, *effrayée.*

Grands dieux! quelle figure!

DUFOUR, *lentement.*

Vous avez quelque part caché de l'écriture?..

COLOMBE, *tirant le papier.*

Puisque monsieur sait tout...

DUFOUR, *le lui arrachant avec fureur.*

Donnez donc ce chiffon!
(lisant l'adresse.)
Pour elle!.. plus de doute... infâme trahison!
(à Aurore, la prenant par la main.)
Donc un autre que moi?.. mais non, c'est impossible!
Redoute ma vengeance... elle sera terrible!
(Il lit et chiffonne le papier avec une joie féroce.)
Je vois avec plaisir que son nouvel amant
N'écrit pas mieux que moi... tant mieux! j'en suis content.

(*cherchant la signature, à Aurore.*)
Le drôle qui t'écrit n'a pas mis son paraphe,
Et de plus a commis vingt fautes d'orthographe :
C'est vraiment affligeant; tiens, lis :
(*Il montre la lettreà Aurore.*)

AURORE, *à part, avec effroi.*

C'est Cyprien !

DUFOUR.

Je désire savoir le nom de ce vaurien.

AURORE, *articulant avec résolution.*

Vous ne le saurez pas !

DUFOUR, *furieux.*

Alors tremblez, ma chère !
Car je le percerai... cet horrible mystère !

BADOULARD, *en dehors.*

Non, non, je veux entrer !

DUFOUR.

Mais quel est donc l'intrus
Qui, bravant en ce jour mes ordres absolus,
Entre si bruyamment, et dans mon domicile
Introduit malgré moi sa personne incivile?

SCÈNE XIV.

LES MÊMES, BADOULARD ET DEUX MITRONS.

BADOULARD.

C'est moi !

DUFOUR.

C'est Badoulard! j'aurais dû m'en douter.
Pourquoi viens-tu chez moi?

BADOULARD.

Je viens pour t'arrêter...

DUFOUR, *reculant d'un pas, et avec mépris.*

Es-tu donc devenu suppôt de la police?

BADOULARD, *continuant.*

Je viens pour t'arrêter au bord du précipice!
Tu veux quitter ta femme... eh bien! par cet éclat
Tu perdras ta maison, ton crédit, ton état;
Surtout quand on saura la personne angélique
A qui tu dois laisser le soin de ta boutique!
Ta vertueuse épouse avait jusqu'à ce jour,
Fait prospérer ton nom, tu t'en souviens, Dufour :
D'être servi par elle on avait l'habitude,
Et tu veux aujourd'hui, monstre d'ingratitude...

DUFOUR, *furieux, après avoir donné plusieurs signes d'impatience.*

Assez!

BADOULARD.

Si tu commets cette infâme action,
Dufour, ne compte plus sur mon affection.
Obéis à ma voix, au monde qui l'ordonne;
Renvoie à ses parens cette jeune personne.
Je ne conteste pas ses talens, ses vertus...
Mais ce monde sévère en exige un peu plus.
A tes projets enfin la morale s'oppose;
Tu vois à quel danger un pareil nœud t'expose :
A la raison par moi laisse-toi ramener.
Je me tais.

DUFOUR, *ne pouvant plus se contenir.*

Tu fais bien, j'allais te l'ordonner.
Insensé ! de chez moi tu prétends qu'elle sorte !
Mais c'est toi qu'à l'instant je vais mettre à la porte.
Ici seul je commande, obéis à ma loi :
Sors donc et sur-le-champ... sinon, prends garde à toi.

BADOULARD, *grossissant sa voix.*

Pour la dernière fois, tremble si tu refuses !

DUFOUR.

Crois-tu me faire peur? ta grosse voix m'amuse.
Mais sois prudent, crois moi ; quitte ce ton tranchant ;
Et près de tes bambins va faire le méchant !

BADOULARD, *criant.*

Enfin, de ta maison il faut qu'elle s'en aille !

DUFOUR, *faisant la grimace et se bouchant les oreilles. Il imite la grosse voix de Badoulard.*

Que je hais ce grand corps avec sa basse-taille !

BADOULARD, *furieux.*

On me ridiculise, on rit de mes avis !
De moi-même on se moque enfin !

DUFOUR.

Comme tu dis.
Te crois-tu donc, mon cher, d'ailleurs si respectable ?
Et ta vie en tout temps fut-elle irréprochable ?

BADOULARD, *un peu troublé.*

Je le crois...

DUFOUR.

Tu le crois?.. et moi je suis certain
Que tu fus autrefois un profond libertin.

Si j'avais des enfans, j'en donne ma parole,
Je ne les mettrais pas, mon cher, à ton école :
Et tes petits garçons... malheureux! je prévois
(le toisant des pieds à la tête.)
Que quand ils seront grands, ils seront comme toi.
(à la société.)
Voyez le petit saint.

BADOULARD, *à part.*

(haut.) J'étouffe de colère!
Mais nous nous reverrons!

DUFOUR, *se moquant.*

Va, je ne te crains guère;
Adieu, pour aujourd'hui je te donne congé :
(Badoulard sort furieux.)
Va, va te promener!... Cuistre! je suis vengé.
Venez tous, à ce drôle il faut servir d'escorte;
Puis sur lui de la rue on fermera la porte.
(Sortie générale.)

SCÈNE XV.

(L'orchestre joue l'air : *Un ange, une femme inconnue.*

CYPRIEN *seul, sortant de la maison avec précaution.*

J'ai cru que l'on causait tout-à l'heure en ces lieux :
(regardant.)
Mais je ne vois personne; au fait, cela vaut mieux.
Tout, chez le boulanger, respire un air de fête;
Un gala, m'a-t-on dit, avec pompe s'apprête..

Cet incident majeur ne me déplaira pas,
Car je me souviens peu de mon dernier repas.
Du reste, tout va bien, et de mon stratagême
Le succès est complet. Bientôt celle que j'aime
Va paraître à mes yeux... ah! c'est trop de bonheur!
Mais elle tarde bien... d'où vient cette lenteur?
C'est le cas de chanter : *(chantant)* Quand on attend sa belle,
Et lorsqu'on est à jeûn, que l'attente est cruelle!
(regardant à travers les arbres.)
Mais quel bruit? j'entrevois... oh! oui, vers ce buisson...
Ce vêtement léger!.. dieux! c'est un pantalon!
Enfer!

SCÈNE XVI.

CYPRIEN, DUFOUR, GASPARD.

DUFOUR, *entrant avec Gaspard, par la droite de l'acteur.*

D'abord, Gaspard, sur la vieille sorcière
Je vais faire peser le poids de ma colère :
Enferme-la, Gaspard; que jusques à ce soir,
Mise sous les verroux, elle ne puisse voir
Personne à qui parler : ce sera son supplice!..

GASPARD, *avec une joie méchante.*

Elle en mourra!

DUFOUR, *vivement.*

Tant mieux!.. de plus qu'on avertisse
Celle qui m'a... tu sais... la princesse au poulet!
Nous devons débrouiller ensemble un chapelet.
Je l'attends.

(Gaspard sort.)

SCÈNE XVII.

DUFOUR, CYPRIEN, à l'écart; puis AURORE.

DUFOUR, *en se retournant, il voit Cyprien.*

Ah! c'est toi! viens donc que je t'embrasse!
Viens, mon libérateur! car c'est à ton audace
Que je dois mon salut : et dès ce jour je veux
Te montrer que mon cœur est grand et généreux.
Tu peux tout espérer de ma reconnaissance :
Que veux-tu, Cyprien? quelle est la récompense
Qui flatterait ton cœur? d'avance je promets
D'exaucer tous tes vœux.

CYPRIEN, *à part.*

Je n'oserai jamais...

DUFOUR.

Qui te retient? voyons... ne saurais-tu me dire
Ce qui pourrait te plaire?

CYPRIEN.

Eh bien! mon cœur soupire
Pour un être céleste... et vous seul, en ce jour,
Pouvez me rendre heureux.

DUFOUR.

L'objet de ton amour
M'est-il au moins connu?

CYPRIEN.

Beaucoup.

DUFOUR.

Cela m'étonne :
Car je sors rarement et ne reçois personne.

Tu crains de la nommer? c'est peut-être en ce cas
Une vertu farouche...

CYPRIEN, *d'un air de doute.*

Oh! je ne le crois pas!

DUFOUR.

Alors je ne vois point...

(*Aurore entre par la droite de l'acteur.*)

CYPRIEN, *vivement et s'élançant vers Aurore.*

Moi, je la vois, c'est elle!
Laissez-moi...

DUFOUR, *froidement, l'arrêtant et regardant Aurore.*

Non, plus tard. Quoi! c'est mademoiselle?

CYPRIEN.

Vous l'avez dit.

DUFOUR.

Comment, jeune présomptueux!

CYPRIEN, *avec chaleur.*

Ici vous commandez, ô Dufour généreux!
Faites que mon Aurore aujourd'hui m'appartienne.

DUFOUR, *à part.*

Son Aurore, a-t-il dit!... mais c'est aussi la mienne!
L'aventure est bouffonne, et le tour trop plaisant...
Mon Aurore est parfait!.. ce drôle est amusant!
Est-ce que tous les deux!.. épouvantable trame!

CYPRIEN, *à part.*

Son silence m'intrigue.

DUFOUR, *à Aurore.*

Eh bien! parlez, madame.

AURORE, *troublée.*

Pardon... j'ai mal compris...

DUFOUR.

C'est avoir du malheur.
Ce jeune homme vous offre et sa main et son cœur...
(avec contrainte, et les regardant tous deux alternativement.)
Vous ne répondez pas... cependant il me semble
Que vous ne devez pas être trop mal ensemble.
(prenant le bras à Aurore, et le lui serrant avec force.)
Parlez-lui...

AURORE.

Vous voulez?

DUFOUR.

Oui, tel est mon désir :
(lui secouant le bras très-fort.)
Faites cela pour moi... vous me ferez plaisir!

AURORE, *laissant échapper un cri.*

Ah! vous me faites mal!

DUFOUR, *à part, ricanant.*

Comme je dissimule!

AURORE, *à part, regardant Cyprien.*

Que je dois à ses yeux paraître ridicule!

DUFOUR, *bas, à Aurore.*
(haut, à Cyprien.)
Vous me faites pitié! Cyprien, j'entrevoi
Que madame n'a pas d'éloignement pour toi.
Tu demandais sa main; prends-la, je te la donne :
(Cyprien veut passer près d'Aurore, Dufour le retient.)
Mais partez tous les deux dès demain, je l'ordonne.
Nous ne nous verrons plus!

CYPRIEN, *avec ivresse.*

Mes vœux sont exaucés

(Il veut se mettre à genoux.)

Homme bon, homme estimable!

DUFOUR, *le relevant.*

Assez, mon cher, assez

Tu vois, quand je promets, si ma parole est vaine!

CYPRIEN, *faisant le geste de bénir.*

Laissez-moi vous bénir!..

DUFOUR, *l'arrêtant et regardant Aurore.*

Ça n'en vaut pas la peine.

(à Aurore, à demi-voix.)

Mais lorsque vous serez mariés tous les deux,
Faites qu'il ne soit pas... comme moi... malheureux!
Ce garçon est tout neuf et plein de confiance :
Il croit à la candeur... il croit à l'innocence...
A la vôtre surtout!.. tâchez, pour son bonheur,
Tâchez de prolonger quelque peu son erreur.

(haut.)

Ainsi, préparez-vous... bientôt, à la mairie,
Aurore et Cyprien, je veux qu'on vous marie.

(à Cyprien.)

Quant à toi, tu prendras dans mon appartement,
Pour la cérémonie, un habit plus décent,

(lui donnant une montre, et lui passant la chaîne autour du cou.)

Mais avant de partir, de moi reçois ce gage,
De ma reconnaissance éclatant témoignage!

(lui désignant son chapeau sur la table.)

Prends encor cet objet...

CYPRIEN.

Quoi donc?

DUFOUR.

C'est mon chapeau,
Pour remplacer le tien qui n'est plus assez beau.

CYPRIEN, *comparant les deux chapeaux et jetant le sien.*

(à part.) *(haut, baisant la main de Dufour.)*

Il a parbleu raison. O Dufour agréable!
Je vous devrai donc tout!

DUFOUR, *froidement.*

C'est assez vraisemblable.
(à Aurore, ironiquement.)
Et vous, en vous parant, n'allez pas négliger
De joindre à à vos atours la fleur de l'oranger.
(haut, à Cyprine.)
Suis-moi, jeune héros!

(Il prend majestueusement la main de Cyprien, et sort avec lui.)

SCÈNE XVIII.

AURORE, *seule.*

(Elle va s'asseoir comme étourdie, sur le banc, droite de l'acteur, et se tient d'abord la tête dans ses mains.)

Je ne sais si je veille...
Quel discours enchanteur a frappé mon oreille!
Cyprien mon époux! mais non, c'est une erreur
Qui se joue aujourd'hui de mon trop faible cœur.
(se levant brusquement.)

Mais j'y songe à présent, mais c'est une infamie !
C'est un crime, une horreur, c'est une bigamie !
Lui m'épouser!.. jamais!.. l'honneur est son seul bien..
(avec désespoir.)
Si je le lui ravis, il n'aura donc plus rien ?
Qu'il apprenne au plus tôt...

SCÈNE XIX.

AURORE, COLOMBE.

AURORE.
Ah ! Colombe, viens vite..

COLOMBE, *accourant toute joyeuse.*
Oui, je sais la nouvelle, et vous en félicite :
Cyprien vous épouse !

AURORE, *la repoussant.*
Horreur !

COLOMBE, *étonnée.*
C'est le patron
Qui vient de l'annoncer à toute sa maison.

AURORE, *avec résolution.*
Non, il n'en sera rien... ce serait trop perfide...
Jouer un pareil tour à cette âme candide !
Mon devoir est d'abord de ne rien lui cacher,
Pour n'avoir, entends-tu, rien à me reprocher.

COLOMBE.
Mais comment prendra-t-il cette nouvelle étrange ?
S'il n'allait plus vouloir?

AURORE, *naivement.*

Eh! mais, si ça l'arrange!
N'est-il pas juste au moins, quoiqu'il puisse advenir,
Que cet être adoré sache à quoi s'en tenir?
Si d'un tel accident je lui faisais mystère,
Si j'étais assez faible aujourd'hui pour me taire,
De quel œil Cyprien me verrait-il plus tard?
Je ne pourrais, sais-tu, supporter son regard!..
Car de quelque façon qu'il apprenne la chose,
(*tristement.*)
Il l'apprendra.

COLOMBE, *avec bonhomie.*

Savoir!

AURORE.

Du moins je le suppose.
Et dans ce doute affreux, horrible à supporter,
Mieux vaut que Cyprien sache sur quoi compter,
Ainsi, va le trouver : tu lui diras, ma bonne,
(*avec embarras.*)
Qu'un autre... bien avant qu'à lui mon cœur se donne..
Avait... trouvant accès sous le toit paternel...
Après avoir juré de me suivre à l'autel...
Fini par oublier plus tard de m'y conduire...
Qu'alors... je ne sais plus en vérité que dire!..
Dis ce que tu voudras... je m'en rapporte à toi,
Car tu sais tout cela tout aussi bien que moi.
S'il est trop peu flatté de cette confidence,
S'il part! je lui pardonne... Oh! mais si sa clémence
Oublie un léger tort si commun aujourd'hui,
Non, je n'aurai jamais assez d'amour pour lui.

Chaque jour, vois-tu bien, mes soins et ma tendresse
Le paieront amplement de sa délicatesse.
Je veux que cet amour, cet être idolâtré
De mille petits soins par moi soit entouré.
Non, il n'est rien pour lui que je ne sacrifie...
Le rang qu'ici j'occupe, et mon sang, et ma vie !...
Mais pas plus... la plus belle, on nous l'a dit déjà,
Ne peut, comme tu sais, donner que ce qu'elle a.
Cours donc, va le trouver.

(Elle sort, par la gauche de l'acteur.)

SCÈNE XX.

COLOMBE, GASPARD ET DEUX MITRONS.

(Colombe va pour sortir vivement par la droite de l'acteur, Gaspard venant du même côté, l'arrête.)

GASPARD, *arrêtant Colombe.*

Pas si vite, ma chère !
Afin qu'à l'avenir vous soyez moins légère,
J'ai l'ordre du bourgeois de vous mettre en lieu sûr.
(la prenant par la main.)
Suivez-nous.

COLOMBE, *se débattant un peu.*

Quoi ! cruel, vous seriez assez dur !...

GASPARD, *l'entraînant, l'enferme dans un cabinet à gauche de l'acteur.*

Tendre Colombe, entrez : demain de votre cage
On vous fera sortir si vous êtes bien sage.

SCÈNE XXI.

AIR : Ah, que du moins notre mépris qu'il brave (FAVORITE).

GASPARD, PUIS TOUS LES MITRONS.

GASPARD, *faisant signe aux mitrons de venir, ils sortent de la maison, et viennent tous autour de lui.*

Eh bien! chers compagnons, vous tous qui l'avez vu,
A ce honteux marché qui se fût attendu?
A ce nouveau venu si simple et si crédule
Comme notre bourgeois sait dorer la pilule!

UN MITRON.

La chose est donc certaine?

GASPARD.

Il les unit tous deux
Et du beau Cyprien comble ainsi tous les vœux.
Dufour en lui cédant cette jeune vestale,
Évite adroitement le bruit et le scandale.
Il lui donne une épouse, et joint à ce cadeau,
Un habit neuf complet, une montre, un chapeau.
L'autre se laisse faire, et croit de confiance
Trouver dans son Aurore un trésor d'innocence.
Quel époux fortuné!

LE MITRON.

C'est un fameux jobard!

GASPARD.

Amis, secondez-moi : nous allons sans retard,
En le vexant un peu, tempérer son ivresse.
(*remontant.*)
Il vient, laissez-moi faire.

SCÈNE XXII.

LES MÊMES, CYPRIEN (*Il est habillé à neuf et a le bouquet de marié au côté*).

CYPRIEN.

Ah! de mon allégresse
Messieurs, soyez témoins, partagez mon bonheur.
Je suis tout étourdi d'une telle faveur.
Enfin elle est à moi cette beauté divine.

GASPARD *aux mitrons, à demi-voix*.

Tout-à-l'heure il sera moins joyeux, j'imagine.

CYPRIEN *à Gaspard*.

Parlez-moi franchement : voyons, qu'en pensez-vous?
Est-il un bien plus rare?..

GASPARD, *avec malice*.

Ah! ça dépend des goûts!
Pourtant je suis d'avis que bonne renommée
Vaut mieux, comme l'on dit, que ceinture dorée.

CYPRIEN, *avec fierté*.

Ce proverbe m'est cher; dès mes plus jeunes ans,
Je m'en suis vu bercé par mes nobles parens.
Et même par malheur, c'est le seul héritage
Que mon père en mourant m'ait laissé pour partage,
Ce généreux vieillard!

GASPARD.

Son fils ne prouve pas
Que du susdit proverbe il fasse un très-grand cas.

CYPRIEN, *inquiet*.

Pardon... vous avez dit?...

GASPARD, *aux mitrons.*

Il a l'oreille dure!

CYPRIEN.

Veuillez vous expliquer, ah! je vous en conjure :
Je suis donc à vos yeux...

GASPARD, *avec mépris.*

Un intrigant, un fat,
Qui, sur le point d'honneur est fort peu délicat.

CYPRIEN, *étourdi.*

Mitron, qu'osez-vous dire!.. oh! mais non, c'est un rêve!
Un affreux cauchemar!.. par grâce, qu'il s'achève!
Vous avez voulu rire, oh! oui, j'en suis certain :
Il faut me le prouver en me donnant la main.
(Il offre la main à Gaspard qui se détourne.)
Quoi! vous vous détournez?.. voyons, que signifie
Ce refus outrageant? *(aux autres.)*Faites voir, je vous prie.
Que ceci n'est qu'un jeu... Toujours même refus!..
(Il offre la main aux mitrons qui se détournent aussi.)
Pourquoi donc, mes amis?

GASPARD, *d'un air dédaigneux.*

Ah! ne nous donnez plus
Ce nom! notre amitié, cette faveur insigne,
Vous avez dès ce jour cessé d'en être digne.

CYPRIEN, *furieux, à tous.*

Ah! vous allez payer un si sanglant affront!
Suis-je votre jouet ou bien votre plastron?
(à Gaspard.)
Répondez donc! Pour toi, tout-à-l'heure, je pense

Te montrer si ce bras sait venger une offense.

(Gaspard ricane.)

Tu m'as pris pour un autre et je te ferai voir
Que de me molester tu dois perdre l'espoir.
En attendant qu'ailleurs je lave mon injure,
Reçois, mauvais plaisant, ma main sur ta figure.

(Il va pour donner un soufflet à Gaspard qui baisse vivement la tête : il est reçu par le mitron qui est à côté.)

LE MITRON, *se tenant la joue, à Cyprien.*

Dites donc vous là bas! je pourrais m'offenser...

CYPRIEN.

A votre aise! au surplus je vais recommencer.

(donnant un coup de poing à Gaspard.)

Tiens! Gaspard, cette fois, c'est bien à ton adresse.

GASPARD, *ripostant.*

Amis, secondez-moi!

CYPRIEN, *furieux.*

Venez tous!

(Mêlée générale dans laquelle Cyprien donne des coups à droite et à gauche. Badoulard entre : il est bousculé par les mitrons.)

SCÈNE XXIII.

LES MÊMES, BADOULARD.

BADOULARD.

Eh bien! qu'est-ce?

(Les mitrons s'arrêtent à la voix de Badoulard.)

CYPRIEN, *sans le reconnaître, lui donne un coup de poing.*
Lâches, vous avez peur!

BADOULARD, *sans reconnaître Cyprien.*
Infâme scélérat!

CYPRIEN, *étonné et se jetant dans les bras de Badoulard.*
Badoulard!.. tiens, c'est vous!

BADOULARD, *reconnaissant Cyprien.*
Pourqui ce pugilat?
D'où vient que dans ces lieux je te retrouve encore?

GASPARD, *avec mépris.*
Vous allez le savoir : c'est que la belle Aurore
Daigne le décorer du nom de son époux.

BADOUDARD, *repoussant rudement Cyprien.*
Horreur! serait-il vrai?..

CYPRIEN, *étonné.*
Pourquoi ce grand courroux?
Expliquez-vous... par grâce, oh! je vous en supplie...

BADOULARD.
Mais, malheureux enfant, c'est toi qu'on mystifie!
Cette femme est...

CYPRIEN.
Après...

BADOULARD, *hésitant.*
Pourquoi m'interroger?
C'est la maîtresse...

CYPRIEN.
Ah bah!.. de qui?

BACOULARD.
Du boulanger.

CYPRIEN, *atteré.*

Maîtresse de Dufour!.. ô lumière exécrable!
Mais cette découverte est fort désagréable!
Par une horrible soif je me sens dévorer...
Je boirais!.. oui!.. du sang pour me désaltérer!

BADOULARD, *effrayé et s'emparant de Cyprien.*

Sortons, viens avec moi prendre l'air...

CYPRIEN, *d'un air égaré.*

Inutile!

BADOULARD.

Ta tête...

CYPRIEN, *étonné.*

Eh bien! ma tête?... Ah! laissez-moi tranquille!
(Badoulard lui fait signe qu'il n'a pas sa raison.)

BADOULARD.

Mon fils, je les entends : ils s'approchent.

CYPRIEN, *avec une joie féroce.*

Très-bien!

BADOULARD.

Mais que prétends-tu faire?

CYPRIEN, *impatienté.*

Hélas! je n'en sais rien!

(AIR : le joli mariage! *Postillon de Lonjumeau.*)

SCÈNE XXIV.

LES MÊMES, DUFOUR, AURORE, INVITÉS.

DUFOUR, *donnant la main à Aurore.*

Cyprien, jusqu'au bout j'ai tenu ma promesse :
Je remets en tes mains l'objet de ta tendresse.

CYPRIEN, *cherchant à se dégager des mains de Badoulard.*
Lâchez-moi !

DUFOUR, *faisant signe qu'on les attend.*
D'être heureux il faut vous dépêcher.

CYPRIEN.

Ça ne sera pas long... Voulez-vous me lâcher !
(parvenant à se débarrasser des mains de Badoulard,
(s'approchant de Dufour, avec une colère concentrée.)
Monsieur, vous avez fait, j'aime à le reconnaître,
(Mouvement de Dufour.)
Beaucoup pour moi... Beaucoup, vous fîtes trop peut-être
J'avais peu de toilette, et j'avoue hautement
Que je suis, grâce à vous, vêtu fort proprement.
De plus, habit complet, puis une redingotte,
Le pantalon, la veste, enfin... Mais saprelotte !
Je prétends devant tous le proclamer tout haut,
Vous eûtes tort d'y joindre un étrange manteau,
Dont l'étoffe est proscrite en ma noble famille !
Par dessus tout, chez nous, sachez que l'honneur brille :
Qu'un tel manteau par moi doit être rejeté,
Car mes nobles aïeux n'en ont jamais porté.
(Mouvement de surprise de Dufour.)
Au prix de mon honneur j'achetais l'infamie
Et le titre d'époux !... Je vous en remercie !...
Chacun dans le pays, boulanger, vous dira
Qu'on n'a jamais chez nous mangé de ce pain-là.

DUFOUR, *feignant une grande surprise.*

De quel pain parlez-vous ? Répondez sans mystère :
Quel conte, Cyprien, a-t-on été vous faire ?

CYPRIEN, *commençant à ne plus se contenir.*

Ne m'interroge pas :
De cette comédie à la fin je suis las.
Garde cette beauté, boulanger impudique,
Je la fuis, toi, les tiens, ainsi que ta boutique !

DUFOUR, *avec dignité.*

Mais je suis très-surpris qu'en mon propre foyer
Vous perdiez le respect jusqu'à me tutoyer.
Vous me devez...

CYPRIEN, *dont la fureur est au comble.*

De quoi ?... Rien !... Car je vais te rendre
Tous tes honteux cadeaux...
(Pendant ce que dit Cyprien, Dufour a eu peine à se contenir.)

DUFOUR, *furieux.*

Une pareille esclandre !

CYPRIEN, *avec rage, et jetant à terre au fur et à mesure chaque objet qu'il désigne.*

Tiens ! je jette à tes pieds ce chapeau ; le pourquoi ?
C'est que je ne veux pas être coiffé par toi !
Tiens ! je te rends aussi cette montre et sa chaîne !
Prends encor cet habit, je m'en défais sans peine...
(à lui-même.)
Il m'était trop étroit... *(le jetant.)* Le voilà, boulanger...
(respirant.)
Ah ! plus je me découvre, et plus je suis léger !
Adieu ! moi, je retourne où mon devoir m'apppelle...
(avec désespoir.) *(levant les bras.)*
Je vous maudis tous ! Ah ! j'ai cassé ma bretelle...

(Il la met dans sa poche.)
C'est égal, l'élastique est bon... Ce pantalon
Est un de tes bienfaits... c'est toi qui m'en fis don...
(Il y porte les mains.)
Je vais m'en dépouiller...

AURORE, *vivement, courant à Cyprien.*
Quoi! vous pourriez, barbare?...

CYPRIEN, *l'éloignant.*
Vous avez dit?... merci! l'apostrophe est bizarre!
Mais vous, madame, vous, qui me donnez ce nom,
Comment donc, s'il vous plaît, vous appellera-t-on?
(Badoulard va à Cyprien et le ramène à droite de l'acteur, Aurore évanouie est soutenue par deux dames.)

DUFOUR, *éclatant.*
C'en est trop: à mon tour! *(aux mitrons.)* Enfans, cette avanie
Ne peut, vous le voyez demeurer impunie.
Armez-vous de bâtons, et sur le Cyprien
Frappez fort et long-temps: surtout n'écoutez rien.
Je récompenserai vos soins et votre zèle:
(Les mitrons sortent. A Aurore.)
Partez donc à l'instant. Et quant à vous, la belle,
Dont je prise fort peu les manières d'agir,
De ces lieux sans retard vous allez déguerpir.

AURORE, *avec sentiment.*
Que m'importe, par vous si je suis délaissée,
(allant à Cyprien.)
Mon Cyprien me reste!

CYPRIEN, *la repoussant.*
Arrière, fiancée.

D'un hymen avec vous je suis moins curieux :
J'y vois clair et n'ai plus de bandeau sur les yeux.
*(à **Dufour** en poussant Aurore vers lui.)*
Tu m'avais octroyé cette aimable personne ;
Reprends-la : maintenant c'est moi qui te la donne !

DUFOUR, *renvoyant Aurore à Cyprien.*
Merci ! je l'ai donné et ne la reprends pas.

AURORE, *suppliante.*
Cyprien !...

CYPRIEN, *avec horreur.*
Ah ! fuyez !...

AURORE, *avec désespoir.*
Où donc porter mes pas ?...
Je ne puis plus long-temps être ainsi balottée.
(Elle tombe près du banc gauche de l'acteur. Les dames l'entourent sans la relever.)

DUFOUR.
Nous, allons nous venger...
(Il sort avec les invités.)

BADOULARD, *à part, faisant asseoir Cyprien sur le banc à sa droite.*
En vain, belle effrontée,
Dans tes lacs amoureux tu veux le retenir :
Ton Cyprien t'échappe et va me revenir.
(Il sort en se frottant les mains.)

SCÈNE XXV.

AURORE, CYPRIEN.

CYPRIEN, *il va voir si tout le monde est sorti, et n'aperçoit pas Aurore.*

D'être heureux pour jamais si je perds l'espérance,
De lui j'ai su tirer une noble vengeance...
Comme je l'ai traité l'infâme suborneur !
(Il ramasse et remet machinalement l'habit et le chapeau.)
Que cet homme est petit et qu'il a peu de cœur !
(Il remonte furieux.)
Monstre, va disposer tes lâches satellites,
Pour accomplir sur moi le coup que tu médites.
Dans tes ignobles nœuds tu n'as pu m'enchaîner,
Et tu veux maintenant me faire assassiner,
Scélérat.... *(redescendant.)* A propos, que sera devenue.
Dans ce désordre affreux, notre jeune ingénue ?

AURORE, *revenant à elle, et étendant les bras.*

J'ai les membres meurtris : quel sot évènement !

CYPRIEN, *ayant ramassé la montre, et la portant à son oreille.*

Tiens ! elle va toujours... c'est un bon mouvement...
(Il la met dans sa poche.)
(Se retournant.)
Je daigne la garder. Eh ! mais plus j'examine...
Un objet féminin dans l'ombre se dessine :
Une femme .... la nuit !... c'est assez singulier !
(Il se rapproche d'Aurore.)
Puisque pour le moment je suis son cavalier,

Abordons-la !.. Pourquoi, jeune et belle inconnue,
Rester seule en ces lieux quand la nuit est venue?...
(avec intérêt.)
Vous paraissez souffrante...

AURORE, *soupirant.*

Oui, je souffre beaucoup !

CYPRIEN, *s'approchant davantage.*

Vous vous serez donné peut-être quelque coup ?

AURORE.

C'est en tombant tantôt, dans cette lutte horrible,
Je me suis fait du mal...

CYPRIEN, *vivement, venant à Aurore.*

Où donc?

AURORE, *le tenant à distance.*

Je suis sensible
A ce tendre intérêt : cela ne sera rien.

CYPRIEN, *l'aidant à se relever.*

Cependant, permettez... (*La reconnaissant.*) Aurore !

AURORE, *le reconnaissant et s'attachant à lui.*

Cyprien !

CYPRIEN, *repoussant Aurore qui lui prend les mains.*

Non, laisse-moi, va-t-en ! fuis, femme criminelle !
(avec plus de force.)
Mais tu n'entends donc pas ? Ton boulanger t'appelle...
Retourne dans les bras du lâche séducteur,
Pour qu'il te pare encor d'or et de déshonneur !

Son amour te rendra, créature coupable,
En même temps plus belle et plus épouvantable.

(A ce dernier mot, il la repousse rudement; Aurore tombe à genoux; les deux mains par terre.)

AURORE, *suppliante.*

Cruel! quand sous tes pieds tu devrais m'écraser,
Tu m'entendras! un mot suffit pour m'excuser.

CYPRIEN, *d'un air sombre sans la regarder.*

Un mot? tu peux parler... je consens à l'entendre...

AURORE, *graduellement avec plus de sensibilité.*

J'avais chargé Colombe, ami, d'aller t'apprendre
Ce qui vient de causer ici ton désespoir,
Et ce qu'avant l'hymen il est bon de savoir.
(d'un ton décidé.)
Je me disais: tant pis! de tout je veux l'instruire:
Comme cela, plus tard il n'aura rien à dire.
(Mouvement de Cyprien.)
Je fus un peu légère... Eh! mais qui ne l'est pas?

(Pendant qu'elle parle, elle cherche plusieurs fois à prendre une main à Cyprien qui la retire vivement comme si on la lui brûlait.)

Un peu plus, un peu moins, c'est la règle ici-bas.
(Cyprien se laisse attendrir peu-à-peu.)
Du reste je suis sage et trop bien élevée
Pour aimer un Dufour!... quand... il m'eut enlevée,
Tu peux m'en croire, ami, je jure sur l'honneur
Que ce grotesque amant n'a jamais eu mon cœur.
Ce cœur qui t'adorait chaque jour davantage
N'aurait pas accepté cet horrible partage.

Je demeurais chez lui... j'y prenais mes repas...
Il était mon amant... Mais je ne l'aimais pas...
Me crois-tu maintenant?... Réponds-moi...

CYPRIEN, *très-émue, à part.*

Trouble extrême!

AURORE.

A ma voix, Cyprien, serais-tu sourd?

CYPRIEN, *après une légère hésitation, subjugé, et la relevant, dit avec force.*

Je t'aime!...

(Elle se bouche les oreilles, il la relève.)

CYPRIEN (Duo de la *Favorite*).

Dis, l'as-tu bien entendu,
Ce doux mot qui m'enivre,
Ce doux mot qui m'enivre?

AURORE.

(*Parlé*) Je crois bien! tu l'as crié assez fort.

Oui, Cyprien m'est rendu :
Avec moi tu veux vivre!
Avec moi!

CYPRIEN.

Avec toi!

AURORE.

Ta voix, va, je l'entends encor,
Cette voix si douce qui me crie :

CYPRIEN.

Ah! ton amour c'est ma vie,
Ta vertu, mon trésor,
Oui, ta vertu, mon tresor!

(*Parlé*) Veux-tu le redire ensemble?

AURORE.

(*Parlé*) Oh ! oui !

ENSEMBLE.

CYPRIEN.

Dis, tu l'as-tu bien entendu ?
Ce doux mot qui m'enivre,
Ce doux mot qui m'enivre.
Ton Cyprien t'es rendu.
Avec toi je veux vivre,
Avec toi, avec toi.
Ma voix, oui, tu l'entends encor,
Cette voix si douce qui te crie :
Ah ! ton amour c'est ma vie,
Ta vertu, mon trésor,
Oui, ta vertu, mon trésor !

AURORE.

Oui, je l'ai bien entendu,
Ce doux mot qui t'enivre,
Ce doux mot qui t'enivre.
Oui, Cyprien m'est rendu.
Avec moi tu veux vivre,
Avec moi, avec moi.
Ta voix, va, je l'entends encor,
Cette voix si douce qui me crie :
Ah ! ton amour c'est ma vie,
Ma vertu, ton trésor.
Oui, ma vertu, ton trésor.

CYPRIEN.

Va, je crois à présent tout ce que tu m'as dit !

AURORE, *à part, avec joie.*

Quel bon mari !

CYPRIEN.

Mais, viens ; fuyons ce lieu maudit :
Sous un ciel plus serein, d'un si doux hyménée
Allons cacher, crois-moi, la chaîne fortunée !
Malgré cela, pourtant, mon Aurore, tu vois
Le danger de courir deux lièvres à la fois.

AURORE.

Ce proverbe pour moi n'aura rien de funeste :
(avec amour.)
Nous l'aurons fait mentir... Mon Cyprien me reste !
(tendrement lui prenant le bras.)
Des deux j'en attrappe un !

CYPRIEN, *avec ivresse, la pressant sur son cœur.*

Elle a pardieu raison !

AURORE.

Mais ce n'est pas assez, ami, de ton pardon,
J'y comptais ; ton humeur fut toujours fort traitable.
Il est un juge ici beaucoup plus redoutable ;
Laisse-moi l'implorer : fasse mon repentir
Qu'aujourd'hui, Cyprien, nous puissions le fléchir !

AU PUBLIC.

AIR : *de l'Angelus.*

Une Favorite, avant moi,
Vous plut, messieurs, j'en suis certaine :
Et quoique maîtresse d'un roi,
Pour un jeune et beau capitaine,
Elle n'était pas inhumaine.
Votre indulgence pour ma sœur
A me pardonner vous invite :
De vous j'attends même faveur...
Ah ! n'ayez pas plus de rigueur
Pour la Petite Favorite !

FIN.

www.ingramcontent.com/pod-product-compliance
Ingram Content Group UK Ltd.
Pitfield, Milton Keynes, MK11 3LW, UK
UKHW021650260726
13994UKWH00003B/1389

9 782329 447674